AF252718

SIMPLES QUESTIONS

SUR

L'Hérédité et la Constitution

DE LA

PAIRIE EN FRANCE,

PAR

M. EUGÈNE RENAULT,

AVOCAT A LA COUR ROYALE DE PARIS.

Deuxième Edition.

PARIS.

CHEZ TOUS LES LIBRAIRES ET LES MARCHANDS DE NOUVEAUTÉS,

JUILLET 1831.

SIMPLES QUESTIONS

SUR

L'HÉRÉDITÉ ET LA CONSTITUTION

DE

LA PAIRIE EN FRANCE

Ce n'est pas sans un sentiment profond de douleur et de surprise que les amis de la liberté, du vrai et de l'égalité nationale ont vu agiter, en 1831, après la sanglante révolution de juillet, la question de l'hérédité de la pairie ! Ils avaient pu concevoir que, le 3 août 1830, la question pût paraître douteuse à une chambre législative composée en grande majorité de l'aristocratie de la restauration et du droit divin ; alors chacun avait dans les promesses de l'Hôtel-de-Ville assez de foi pour faire l'honneur au gouvernement d'autres désirs, d'autres vœux. Mais l'évènement a dissipé cette illusion, comme beaucoup d'autres. C'est une triste vérité, mais il faut le dire : le gouvernement sorti des barricades a vivement désiré que l'hérédité de la pairie fût consacrée ; les preuves en abondent. Est-ce donc ainsi que la Charte sera une vérité ?

La question de la pairie n'a point de gravité par elle-même. Elle n'offre, quoi qu'en disent les hommes du pouvoir, aucune difficulté à résoudre ; elle ne fait pas même question pour l'homme de bonne foi, libre de tous préjugés et de toutes affections personnelles ; mais elle est d'une effrayante gravité sous d'autres rapports ; elle a fourni au gouvernement une déplorable occasion de s'isoler encore des intérêts généraux et de donner quelque consistance aux défiances des plus ardens amis de la liberté ; elle a révélé l'empressement des agens du pouvoir à rentrer dans le faux, dès que les baïonnettes populaires ont cessé de briller.

C'est là une des conséquences les plus malheureuses des vœux que le gouvernement a eu la maladresse d'exprimer sur la constitution de la pairie. Il est vrai qu'une politique meilleure est à l'ordre du jour ; le gouvernement a compris combien l'hérédité politique est anti-nationale. La France a fait un effort, et un effort d'une nécessité peut-être douteuse, en admettant le principe de l'hérédité du trône ; elle n'admettra jamais d'autre hérédité politique. Cette antipathie, le gouvernement la connaît aujourd'hui ; aussi il se propose ou de rester neutre dans la discussion, ou d'agir dans le sens des volontés nationales. Certes, on tiendra compte au pouvoir de ce retour aux vrais intérêts du pays ; mais les impressions premières n'en ont pas moins été reçues ; elles ont été profondes, irritantes ; et il est dans la nature de l'homme de considérer ces conversions tardives comme le résultat d'une nécessité de conservation.

Je me plais à croire que le gouvernement n'a point seulement été dirigé dans sa conversion par cet étroit sentiment d'égoïsme ; mais s'il en était autrement, il faudrait toujours reconnaître qu'il a bien apprécié sa position. Si l'hérédité de la pairie était le résultat d'influences ministérielles, elle renverserait le trône ; il faut même aller plus loin : L'hérédité de la pairie, consacrée par d'autres hommes que les complaisans de la restauration, aurait probablement le même résultat ; cette conséquence ne serait pas si médiate que dans la première hypothèse ; mais cette institution, tranchons le mot, absurde dans tout état politique fondé sur la souveraineté populaire, amènerait infailliblement un mouvement révolutionnaire; cette révolution ne s'attaquerait pas dans son principe au trône; mais dans l'état actuel de la France, il est certain que le trône succomberait. Il n'y a que les courtisans qui le proclament inébranlable; ses amis lui disent sa faiblesse et signalent les écueils qu'il doit éviter.

Sans doute on ne manquera pas de reproduire ces reproches d'inconstance tant de fois prodigués à la France? on dira qu'il est impossible de gouverner avec des dispositions semblables !

Ce n'est point le caractère national, ce n'est point la presse, ce ne sont pas tous les fantômes que l'on invoque, qui rendent en France la science gouvernementale si difficile, si périlleuse.

La cause est ailleurs.

Cette disposition des esprits à ne voir dans le pouvoir qu'un adversaire ; dans l'obéissance qu'un joug insupportable; enfin à se lancer dans une révolution à la première occasion, est amenée par la lutte continuelle, tantôt sourde, tantôt ostensible du pouvoir contre le peuple ; des intérêts réels et généraux contre des intérêts fictifs, personnels, mesquins.

Dans toute société bien organisée deux pouvoirs opposés ne peuvent subsister en présence l'un de l'autre. C'est pourquoi les hommes, que le ministère appelle à tort *opposans*, veulent lier et confondre les intérêts du prince avec les intérêts du peuple. Les *opposans* désirent conserver le trône; leurs doctrines le prouvent; ils travaillent à réunir des intérêts qui sont homogènes, mais que les valets de cour veulent diviser. La branche aînée des Bourbons a trois fois fait l'essai de la méthode des courtisans ; on a vu comment elle a réussi.

Mais il y a une lutte, celle des intérêts réels et généraux, et celle des intérêts fictifs, personnels, mesquins, dont la fin approche. Il n'en est point de celle-ci comme de la lutte du pouvoir et du peuple ; il n'y a pas de fusion possible. Les intérêts sont opposés par nature, par essence. Comment admettre que deux aristocraties puissent vivre paisiblement ensemble, quand l'une a pris la place de l'autre, et la refoule sans cesse ? C'est précisément l'anomalie que le principe de l'hérédité de la pairie a pour but de consacrer.

Examinons donc rapidement sous cette face la question, puisque question il y a, de l'hérédité de la pairie.

Mais avant que de discuter les titres de l'aristocratie moderne, il faut remonter à son origine ; il faut même découvrir la source de toute aristocratie. A l'aide de cette méthode, il sera plus facile de distinguer l'aristocratie naturelle, de l'aristocratie fictive et usurpatrice.

Je définirais l'aristocratie : « La suprématie des plus capables. » Il est vrai qu'il y a bien des sortes de capacités ; capacités de fait, d'argent, d'intelligence ; mais ces différences établissent les nuances qui varient les degrés de la civilisation.

Ainsi donc, nous appellerons, aristocrates, les hommes qui ont exercé le pouvoir à toutes les époques. Les sansculottes étaient aussi des aristocrates : ils gouvernaient alors.

En fait, les hommes n'ont jamais été égaux. Dès le premier âge il y a eu inégalité de forces, d'adresse, enfin de facultés physiques. Alors les plus forts occupaient les sommités de l'échelle sociale, non par concession, mais par droit de supériorité. C'était le droit du plus fort, le plus ancien de tous les droits, le droit principe. Dans l'état social primitif, la force était pour l'homme le premier des biens; il fallait résister à l'ennemi; les plus robustes étaient les plus utiles; ils étaient généraux; mais un pareil droit cessait avec sa cause; il ne pouvait survivre à l'homme dans ses enfans. Qu'auraient-ils fait à la tête d'une armée ?

Ainsi dans cette première phase des sociétés, où la force matérielle était la seule connue, et par conséquent utile , l'aristocratie était temporaire. Les infériorités , la démocratie enfin, s'exerçaient, se fortifiaient pour succéder aux chefs; il y avait alors une cause d'émulation toujours agissante.

Quelques centaines d'années plus tard, la force intellectuelle remplaça la force matérielle. On comprit que pour gagner une bataille il ne suffisait pas de donner des coups de sabre, mais qu'une habile manœuvre, décidait de la victoire. On plaça à la tête de l'armée le plus intelligent : à sa mort, son fils lui succéda-t-il? oui, s'il fût le plus capable après lui; sinon, non. Toujours on donna le grade au plus capable. Ce n'était pas l'homme qu'on voulait récompenser, c'était l'État qu'on voulait sauver. L'aristocratie naturelle n'était plus à la tête de l'État par l'empire de ses muscles et la souplesse de ses nerfs, mais par la supériorité de son intelligence, de ses études, de ses travaux, qui devaient profiter au pays. C'est encore une des niaiseries de notre époque que de s'imaginer qu'une place doit être une *récompense*, une faveur; un emploi dans l'État doit être confié à un homme, non pour son bon plaisir, non pour ce qu'il a fait naguères, mais pour la plus grande utilité et la plus grande gloire de la patrie.

Voilà, certes, l'origine de l'aristocratie naturelle. Plus la société a fait de progrès , plus les conditions de capacité ont subi d'améliorations. L'intelligence aujourd'hui est insuffisante; il faut encore de la vertu.

Comme on le voit, l'aristocratie naturelle n'est que la tête de la démocratie. La démocratie est dans l'aristocratie. Une fois que les sommités de la société ne doivent être occupées que par les plus intelligens et les plus probes, il n'y a qu'assaut de vertu. Quel champ fécond en bons exemples et en salutaires inspirations !

Il faut cependant reconnaître que l'aristocratie fictive, conventionnelle, tire son origine de l'aristocratie naturelle. Mais, par une fatalité attachée à la main de l'homme, il a gâté l'œuvre de la nature. Les enfans incapables ont succédé à leurs pères; ils ont rempli les emplois qui leur avaient été confiés à cause de leur capacité ! Quelle est l'origine de cette absurde institution? Provient-elle de la reconnaissance populaire? Provient-elle de l'intérêt mal entendu des chefs d'empires? Provient-elle de l'usurpation des intéressés à patrimonialiser dans leurs familles le dépôt qu'ils devaient rendre intact à leur mort? Peut-être de toutes ces causes réunies. Mais, quelles qu'elles soient, une aristocratie conventionnelle, fictive, bâtarde, mensongère usurpatrice, a remplacé l'aristocratie naturelle; c'est un mal, mais on peut aujourd'hui détrôner le mensonge sans danger. Législateurs ! saisissez avec empressement l'occasion facile qui se présente, ou acceptez la responsabilité d'une nouvelle révolution; car ici-bas, tôt ou tard, tout reprend sa place, et l'heure de la vérité a sonné !

Ces faits-principes établissent suffisamment le parallèle de l'aristocratie héréditaire et de l'aristocratie naturelle. Il est inutile d'en faire sentir les différences philosophiques et rationnelles, mais il est évident qu'elles se combattent mutuellement; qu'une société où l'hérédité remplace l'aristocratie naturelle est une société corrompue, livrée à un malaise profond et aux bouleversemens. Il est impossible qu'il

y ait stabilité; il est impossible que la nature ne détruise
pas la fiction. Voilà une des causes les plus graves de notre
déplorable état social; voilà pourquoi la science-pratique du
gouvernement est si difficile en France. Mais que les institu-
tions humaines soient en harmonie avec la nature, avec le
vrai, et le vaisseau de l'État voguera à pleines voiles sur une
mer tranquille.

Il peut être utile de considérer l'aristocratie héréditaire
dans ses rapports avec la Charte de 1830.

Faut-il rappeler que cette constitution repose sur le principe de la souveraineté populaire? Oui! oui! puisqu'on le
méconnaît chaque jour! Faut-il rappeler que tous les Français sont *égaux*? faut-il rappeler qu'ils sont *également ad-
missibles* à tous les emplois de l'état? Hélas! ce sont là des
principes! on les proclame au son de trompe! mais vienne
l'application... Et on traite de factieux celui qui les invoque;
c'est inévitablement un *républicain*!

Il y a des hommes de force à prétendre que l'hérédité de
la pairie ne viole pas l'article Ier de la Charte. Pourquoi
pas? Pyrrhonnius niait bien son existence propre! Pyrrhonnius était fou; les hommes dont je parle ne sont pas
fous; ils sont quelque chose de pire.

Hommes de bonne foi, répondez : comment concilier
l'égalité de droits reconnue à tous les Français, si l'entrée
de l'une des chambres législatives est livrée en propriété à
quelques familles de mendians dorés, qui savent tout dévo-
rer et ne rien produire? Là où il n'y a pas égalité de chan-
ces, y a-t-il égalité de droits? Y aura-t-il égalité de droits
même dans la même famille? Non, le droit d'aînesse! les
priviléges! les classes! les castes! les majorats! que sais-je? -
tous les oripeaux de l'ancien régime! Et quelques préten-
dus hommes d'état ont eu la folie de croire que la France de

juillet le permettrait ! c'est avoir des yeux pour ne point voir, et des oreilles pour ne point entendre !

Mais enfin qu'est-ce que la pairie en France ? une portion de la puissance législative. Elle est donc législativement l'égale du Roi et de la chambre des députés; elle n'est supérieure ni à l'un ni à l'autre; les trois branches du pouvoir législatif doivent être égales. Le Roi a un titre supérieur parce qu'il cumule deux pouvoirs, le pouvoir législatif et le pouvoir exécutif. Les élémens des trois branches d'un même pouvoir doivent être composés d'élémens différens; mais elles sont égales; l'une n'a pas plus de puissance dans sa sphère que l'autre.

Est-il dès-lors possible, sans attenter aux droits les plus précieux de la nation, de faire d'une chambre, portion essentielle de la puissance législative, le patrimoine de quelques familles ? Cela fut possible, mais aujourd'hui ce serait monstrueux.

Et que l'on ne perde pas de vue que, si le pouvoir exécutif qui concourt à la puissance législative est héréditaire, il offre à la nation une immense garantie, celle d'être exercé par un seul homme responsable par ses agens. Une chambre héréditaire n'offre aucune responsabilité : c'est une plaie infligée au peuple jusqu'à ce qu'il s'en délivre !

L'argument tiré de l'hérédité de la couronne tombe donc de lui-même. Et d'ailleurs on sait que les motifs qui ont fait admettre l'hérédité de la couronne ne sont nullement applicables à un autre pouvoir politique.

Les champions de l'hérédité de la pairie n'invoquent qu'un argument : ils prétendent qu'il n'y a de pairie indépendante qu'avec l'hérédité ?

Cet argument est flatteur pour l'humanité; la magistrature doit en prendre sa part. Tous les corps politiques et judiciaires devraient aussi alors être héréditaires, même le conseil d'état ! même les députés ! Et les électeurs ? ne leur faut-il pas d'indépendance ? Allons, messieurs, courage, et bientôt nous aurons un état social assez curieux.

Et qui ne sait que l'indépendance est une vertu de conscience plutôt que de position ? Un millionnaire se vendra plus facilement qu'un bon bourgeois à six mille livres de rentes. Et c'est encore là une de ces heureuses vérités qui au moins consolent l'humanité. Le vice ne monte pas de bas en haut; il descend des classes élevées, parcequ'elles sont plus corrompues.

Reconnaissons donc que l'homme d'honneur, investi d'une si haute dignité pour toute la durée de sa vie, doit trouver dans sa conscience et même dans sa position assez d'élémens d'indépendance pour ne point trahir ses devoirs. L'homme en général est égoïste; assuré d'une si éminente dignité jusqu'à sa mort, que peut-il désirer ? Dans tous les cas, on ne peut prétendre que les pairs héréditaires aient donné plus de gages d'indépendance sous les deux règnes précédens que leurs collègues.

L'hérédité d'une partie de nos législateurs détruirait de fond en comble notre droit public en substituant le plus hideux des priviléges à l'égalité, en posant une pierre d'attente au droit d'aînesse, en dépouillant la nation du plus sacré de ses droits. Ce serait la création d'un intérêt de famille, d'amis, de coterie, de cour opposé à l'intérêt général. La pairie ne serait plus le Panthéon des grands hommes vivans, mais elle serait une espèce de parc destiné à conserver les races d'hommes. Une inspiration si malheureuse, si funeste, ne prévaudra pas contre les vœux d'un peuple qui veut bien déléguer sa souveraineté; mais l'aliéner !.. jamais.

La constitution de la pairie soulève encore une question

importante dans ses résultats, mais peu difficile à résoudre.
La nomination des pairs appartiendra-t-elle au roi? oui, selon les partisans de l'hérédité; non, selon ses adversaires.

Sous le droit divin, toute puissance émanait du roi; pos-
sédant tout, la couronne pouvait déléguer, concéder selon
son bon plaisir. Mais aujourd'hui la royauté constitution-
nelle n'a de puissance que celle que la souveraineté nationale lui a concédée. Que peut donc déléguer la royauté? une
portion de sa délégation !

Le peuple étant le foyer de tous les pouvoirs, il faut puiser
à cette source pour investir la pairie d'un mandat égal à celui du prince.

Accorder la nomination des pairs à la couronne, ce serait
méconnaître la nature des choses.

Le pouvoir législatif émane de la nation : il doit être com-
posé d'élémens différens, mais tous doivent avoir la même
origine; tous doivent être la sanction des mêmes principes : sans cela point d'unité dans les vues; point de vérité
dans les lois.

Quel serait la nature des nominations de pairs faites par
la couronne? ce serait le choix d'un homme, le choix d'un
ministère qui aurait créé des législateurs! Le choix d'un peuple entier n'est-il pas préférable ?

Pourquoi dépouiller la nation de ce droit? pourquoi en
investir la royauté? Il faut, dit-on, que le roi lutte contre
les envahissemens populaires. Que signifie ce langage en
1831 ! C'est plus qu'une absurdité, c'est un blasphême. Le
prince qui serait obligé de lutter contre le peuple n'aurait
en perspective qu'une déchéance : le peuple a une main de
fer ; il brise tout ce qui lui résiste : il l'a prouvé.

Donner à la Couronne le droit de nommer les pairs,
ce serait lui rendre un triste service; ce serait pour

le peuple une institution aussi malheureuse, plus malheu-reuse encore que l'hérédité; il vaut mieux subir les caprices de la naissance que ceux des hommes. Les ministres choisiront presque toujours non des capacités, non des illustrations, mais des amis, des complaisans, quelque-fois des esclaves. Pourquoi dans les circonstances graves le peuple n'a-t-il jamais jeté les yeux sur la Chambre des Pairs? Pourquoi cette Chambre n'a-t-elle aucune influence morale? C'est la faute de son origine : le peuple n'a jamais cru qu'un pouvoir nommé par le Roi fût indépendant. Est-ce à tort? Cela se peut; mais c'est un fait.

Une pairie, pour être forte, puissante, devrait être le résultat des choix populaires. Les électeurs ont toujours prouvé leur sagacité. Si notre état social exige des garanties d'aristocratie, il est facile de les mettre en harmonie avec nos mœurs. Que les portes du palais du Luxembourg ne soient ouvertes qu'aux notabilités naturelles et sociales. Ainsi, par exemple, pour être revêtu de la dignité de pair, où serait l'inconvénient d'exiger dix années d'exercice du pouvoir législatif dans la chambre élective? d'avoir commandé un régiment, une brigade, une division, une armée pendant un temps déterminé? d'avoir exercé le pouvoir judiciaire, rempli des fonctions quelconques, exercé une industrie avec talent, éclat, probité? Enfin, le législateur pourrait imposer pour l'éligibilité des pairs des conditions d'aristocratie naturelle qui, loin d'affaiblir la pairie, lui donneraient une force morale imposante; mais il faut se garder des aristocraties fictives, fausses : les unes sont nationales, les autres sont antipathiques à la France.

Quel sera le nombre des pairs? C'est au pouvoir législatif à s'entourer des documens nécessaires pour résoudre cette question. Il ne peut y avoir de doute aujourd'hui sur les inconvéniens d'une pairie illimitée. On a vu l'abus que la restauration a fait de ce vice de l'ancienne Charte. On ne doit pas créér des pairs par caprice, mais par nécessité, c'est-à-dire au fur et à mesure des vacances.

La pairie étant désormais appelée à devenir la fidèle représentation de l'aristocratie réelle sera en rapport avec les sommités de la grande famille française éparses dans les départemens. Il y aura dès lors nécessité rigoureuse de fixer le nombre des pairs ; car, s'il était illimité, à quels départemens assignerait-on les nominations, les *fournées* supplémentaires? Ce serait rompre l'équilibre de la représentation nationale.

On assure que le ministère voudrait qu'on maintînt l'hérédité aux pairs antérieurs à la révolution de juillet. Cela n'est pas possible; il ne faut pas même s'occuper d'une semblable mystification.

Mais comme la pairie actuelle est opposée au gouvernement de juillet, il importe à la France de neutraliser une influence si funeste exercée par une aristocratie mensongère, fictive. Ce serait le cas de conserver leur titre aux pairs de la restauration, de ne les point comprendre dans la limitation du nombre des pairs futurs, et de déclarer que leur titre sera éteint au fur et à mesure des vacances. Cette combinaison, qui ouvrirait les portes du Luxembourg aux notabilités réelles, donnerait à l'action populaire et au gouvernement actuel une force morale plus imposante.

Un vice puéril en apparence, mais très-grave au fond existe en ce moment à la Chambre des Pairs. Tous ses membres sont revêtus de titres différens; on y remarque des ducs, des comtes, des princes, des marquis, des barons, etc., etc. Mais un système de pairie vraiment national n'admettrait pas de pareilles distinctions. Tous les pairs de

France doivent être égaux; leur dignité, c'est la pairie: le vote de tel baron a le même poids que celui de tel prince. Ces inégalités même dans l'aristocratie révèlent suffisamment la tendance de l'ancien gouvernement à tout aristocratiser, tout diviser; c'était plus qu'une puérilité; c'était une faute politique. Sans doute la nation n'a fait d'autre distinction que celle qui résulte de la capacité et de la probité politique, mais il y a tant de vanité dans le cœur de l'homme ! Qui ne sait que le titre de duc a souvent été la récompense d'un vote anti-populaire, d'une lâche complaisance ? Il faut que la pairie soit à l'abri de semblables séductions.

La pairie, rétablie sur ses véritables bases, sera, après la couronne, ce qu'il y a de plus élevé en France; égale en pouvoir à la Chambre des Députés, son influence morale et politique sera plus puissante, parcequ'elle sera composée des plus vertueux, des plus utiles, des plus grands citoyens. Les exemples du beau, du juste, descendant de cette source pure, iront féconder la morale dans les masses, qui trop long-temps n'en ont reçu que de tristes enseignemens.

Les questions relatives à la pairie seront-elles résolues par les trois pouvoirs ou par la chambre élective seule, agissant comme pouvoir constituant?

J'avoue qu'avant d'avoir appris par plusieurs articles de journaux que le gouvernement se proposait de présenter à la Chambre des Députés une loi constitutive de la pairie, j'avais cru que personne ne contestait à cette chambre le pouvoir *constituant* sur les questions relatives à la pairie.

Pour traiter cette question, il faut remonter aux journées de juillet.

Les barricades ensanglantées étaient encore debout lorsque la chambre élective, seul pouvoir alors populaire, fut investie , par une nécessité impérieuse , d'un droit immense, exorbitant (légal selon les uns , illégal selon d'autres qui oublient la puissance des faits) , et devint tout-à-coup *pouvoir constituant.*

La Chambre des Députés n'existait point en droit pur, comme Chambre; c'était une réunion d'hommes honorables investis de la confiance du peuple. Cette confiance et la nécessité donnèrent naissance à son nouveau pouvoir. Elle corrigea la Charte. Ces corrections ne furent point soumises au *veto* royal; il n'y avait point de roi, ou plutôt , le roi, c'était le peuple. Le duc d'Orléans et le duc de Bordeaux n'étaient que candidats à la royauté. La Chambre des Pairs n'existait que comme réunion d'hommes; comme pouvoir, elle n'existait plus. La royauté dont elle émanait , qui lui avait donné ses pouvoirs , était anéantie. Le droit divin , qui l'avait fondée, était remplacé par le droit populaire. Il n'y avait plus de pairie en France. Mais le peuple exerçant la souveraineté par l'organe de ses anciens députés , alors ses mandataires pour reconstruire l'édifice social , réorganisa en partie la pairie. Il dépouilla de leurs titres un tiers des pairs; il conserva les autres; c'était absolument une nouvelle pairie composée d'une partie de l'ancienne.

Le pouvoir constituant laissa indécise une partie de la constitution de la pairie, se réservant le droit de décider ces questions dans l'année 1831.

Ce fut alors que le pouvoir constituant envoya à l'acceptation des pairs qu'il avait conservés la Charte replâtrée ; il ne leur demanda que leur acceptation pure et simple. Le droit de correction ne fut pas plus reconnu à la pairie qu'au roi. Il n'en pouvait être autrement; la pairie, comme le roi , étaient des pouvoirs *constitués.* Cela est si vrai, que la réception du roi n'a point eu lieu dans le local des séances royales. Le roi est venu recevoir la couronne de la Chambre constituante; la Chambre des Pairs s'est aussi rendue dans le lieu des séances du *pouvoir constituant.*

Il est évident que le roi n'a point droit de *veto*, ni même d'*initiative* relativement aux questions de la pairie, parce que ces questions sont *constitutives* d'un corps politique; parce que le pouvoir constituant, émanant du peuple, ne doit être exercé que par les représentans directs de la nation; enfin parce que ce droit ne pouvait être exercé en 1830 que par la Chambre constituante, et qu'elle l'a réservé en 1831, à celle appelée à lui succéder.

Les mêmes raisonnemens s'appliquent à la pairie, constituée quelques jours avant la royauté, mais après les corrections de la Charte. Les pairs qui ont refusé de reconnaître la nouvelle Charte, ont sorti du Luxembourg; il en eût été de même de la masse des pairs, si la masse avait manifesté les mêmes sentimens. Si les députés n'étaient pas investis d'un pouvoir *constituant* de quel droit chassaient-ils du Luxembourg le tiers des pairs? De quel droit renversaient-ils du trône le duc de Bordeaux? Assurément ils ne voulurent pas rendre un enfant responsable des fautes de son aïeul; mais en vertu de leur pouvoir constituant ils élevèrent un nouveau trône.

Est-ce sérieusement qu'on invoque le concours de la Chambre des Pairs en pareille circonstance? Mais quel rôle jouait-t-elle lorsque la Chambre constituante retouchait la Charte? Elle attendait en silence l'arrêt qui allait être prononcé sur son existence; elle voyait le tiers de ses membres chassés de son sein, sans élever une plainte, trop heureuse de conserver une partie de sa constitution; elle voyait son privilége le plus cher et le plus précieux mis en question, sans proférer une seule réclamation; il il n'en pouvait être autrement : un mot, et on lui rappellait qu'elle n'existait plus ! ah ! si elle s'était cru quelques droits, quelque puissance, croit-on que là se serait borné son rôle !

Mais d'ailleurs, peut-on raisonnablement croire que la Chambre constituante ait entendu faire intervenir les pairs dans la solution d'une question qui les intéresse personnellement à un si haut degré ? Quoi ! ils auraient pu dire : « En » 1831, la Chambre des Pairs décidera si elle sera, ou non, héréditaire » ? Mais c'est une dérision ! énoncer ainsi la question, n'est-ce pas la résoudre ?

En résumé, c'est un article *constitutif* qui sera décrété dans la prochaine session ; la chambre élective sera donc *constituante* pour cette question, comme l'a été pendant quelques jours celle qui vient de terminer si malheureusement une carrière qui pouvait être si brillante.

Au reste, quelles ques soient les solutions que les pouvoirs légaux donneront aux questions que j'ai indiquées, les hommes prévoyans ne craindront rien pour la liberté ; elle est désormais impérissable en France : leurs craintes entoureront le trône de juillet, qui ne pourrait vivre environné d'aristocraties fictives et anti-populaires.

IMPRIMERIE DE SELLIGUE,
Rue des Jeûneurs, n. 14.

9 782014 035858